AF599866

IBETH GUZMÁN

ALBERGUE DE FANTASMAS

IBETH GUZMÁN

ALBERGUE DE FANTASMAS

Palabras previas
MATEO MORRISON

HUERGA & FIERRO editores

Diseño de Colección: Huerga y Fierro

Primera edición: 2025

C/Sebastián Herrera, 9
28012 Madrid-España
Telf.: 91 467 63 61
www.huergayfierro.com
huerga@huergayfierro.com

I.S.B.N.: 979-13-990795-5-5
Depósito Legal: M-17997-2025
Impreso en Romadac Industria del Libro
Impreso en España/Printed and made in Spain

Palabras previas

La mujer que es mujer

Cuando Juan Ramón Jiménez en su etapa juvenil expresó «La academia está tan lejos para mí como, por ejemplo, el palacio real, y dentro de ella sentiría la extrañeza que sentiría un arroyo en un despacho del Ministerio de Agricultura». *Desde su trajinar por la poesía pura, quizás no imaginó que terminaría escribiendo poesía con ribetes de filosóficos como* Espacio y Tiempo *y que alcanzaría en ser distinguido por la más alta de las academias cuando le otorgó el Premio Nobel.*

Es María Zambrano quien en su texto Filosofía y poesía *nos hablará no solo de las grandes batallas entre la imaginación y el pensar, sino también en sus coincidencias. Ella misma como poeta experimentó en su realidad esa alucinante relación que la literatura contiene en algunos de sus momentos de mayor esplendor.*

Al leer el libro de Ibeth Guzmán, Albergue de fantasmas *y auscultar los latidos de una poesía que nos deleita al tiempo de invitarnos a entrar en las profundidades de la naturaleza humana y los diversos aspectos que la constituyen convirtiéndola en arte, no pude dejar de pensar en quien ha realizado con un rigor y audacia paradigmático los diálogos académicos que han renovado los altos niveles en que se concibe la relación lectura y escritura sin dejar el más mínimo resquicio a la superficialidad.*

Una alambrada de huesos sin dolientes nos conduce hacia una línea ondulante donde transcurre este libro singular. Hay memoria y hay olvido, hay cotidianidad y trascendencia, hay profundidad de tinieblas, pero en cada verso se van acercando a un mar cuyas olas comulgan con el sol. La poesía en este texto nos invita a leer y a releer, son realidades como aquel pozo donde encontramos al extraer sus aguas, un arcoíris donde cada color parece con su luminosidad enceguecernos, pero no, revive desde las mismas sobras la vivacidad de un conjunto de palabras que armonizan para darnos una auténtica poesía y no preguntemos ahora, qué es poesía en un complejidad de tonos y de voces tan múltiples que parecería conveniente una ausencia de definición que no se encontrara en su plenitud. Ningún diccionario por más exigente que éste sea nos dará la verdadera respuesta, sino en la relectura de un libro como este que sitúa a la autora en un nivel que no dejará indiferente a nadie que se asome a este conjunto de palabras transformadas en mágicos efluvios del buen decir. Nunca con un libro como éste estaremos condenados al silencio atroz de las palabras.

Mateo Morrison

ALBERGUE DE FANTASMAS

Cementerio

Alambrada de huesos sin dolientes.
Ruta hacia la ceniza.
Portal hacia lo que nunca fue.
Es verano y este suelo arde de olvido.
El polvo sube en un remolino de epitafios.
El dios de los muertos se asfixia
en el espanto de una soledad honda y robusta.
Hasta los fantasmas perecieron de abandono.
Y aquí yazgo, desterrada de la memoria de los vivos
en este desierto de ausencias, de olvido.

Calendario

Recibo con que el tiempo paga sus desmanes.
Rostro de conciencia derramada
espiral indetenible que invoca al recuerdo
y festeja en efemérides la burla del olvido.
Cuadricula la mentira
en ilusiones numeradas:
Se cierra y abre el ojo de la cordura,
despierta la conciencia.
Es un juego maldito.
Ya pasó, hay que volver a empezar.

Niña del pasado

La adulta ya no camina
sobre sus pasos de niña.
Las huellas de sus deseos
se desdibujaron
en la cabalgata de un unicornio
borracho que vomitaba arcoíris.
Soles sin lluvia buscan
pintarle color a las mejillas.
Su cuerpo ahora es gris,
y son los potros del diablo
los que la persiguen ahora.

Cuando el tiempo se acaba

La vida es una certeza peor que la muerte,
conciencia de que el tiempo se acaba.
No hacer lo necesario:
primer paso al fango de aullidos
sofocantes que muerden las lenguas
de los amantes en pecado.
Si algo saben la muerte y el tiempo
es que en sus fosas el frío congela
las manecillas y el hacha.
Ay de aquel que se pudra
en rancio arrepentimiento.
Las culpas del pasado
encienden sus velas,
reconcilian el tiempo y la muerte
en la dulce pena
de otro condenado.

Suspendidos

Estábamos suspendidos en el borde
de una lágrima gigantesca
bajo una sombra de agua
que nos estancaba en una inmensa agonía.
No volveré la vista.
Una estatua de sal
quedaría diluida en llantos
desabridos ya por la costumbre.
Se apresura el paso por la culpa,
porque la ausencia quiebra
las armaduras hechas a la medida
de la mezquindad y del oprobio.
Se asoma la esperanza desalmada,
burla de los minúsculos gritos
silenciosos que estallan avergonzados
en la pared de los hogares,
ahora prisiones de inocentes.
Amanece otra vez.
El sol aún conserva viejas costumbres.

Lluvia enamorada

La lluvia refleja su anatomía
en el absoluto espejo del tiempo.
Se odia en el rastro descendiente
de cada una de sus gotas.
Aborrece su predecible condena a caer,
su inevitable golpe,
su breve viaje del cielo al suelo:
una estadía minúscula
en ocasiones alumbrada
por un relámpago enamorado, enfurecido,
condenado al silencio atroz de las palabras.

Memoria

Recordar es una mentira.
Allá, siempre lejos,
habitan el pasado y la memoria:
Mansos habitantes del miedo y el suspiro.
Unas veces monstruoso,
Otras, solo hambriento de nostalgia.
Y en esa línea del no ser
se conjugan el ayer, el hoy y el mañana.

Tránsito: entre el lazo y el nudo

Una hermana es una isla de algodón
para los sueños derribados.
Un peldaño para alcanzar el suelo y la voz
cuando el deseo engaña y enmudece.
Una hermana es también memoria de infancia,
recuerdo vivo de la madre muerta,
lazo que encadena al pasado y amenaza al futuro,
una onda celeste que rodea el latido
y desata el remordimiento.
Una hermana es un espejo
donde se reflejan las distancias
entre la niña y la mujer que habitas.
Es un ancla que se eleva con miedo
y navega con el dulce sabor de la distancia.

Lo cotidiano

El temor a un dios cercano a nosotros
se difuminó en brumas de lejanía.
El futuro que venía en un fuerte potro blanquísimo
se derritió en el calor del deseo solapado.
Una sensibilidad desconocida se quema
y el humo hiede al dolor de la derrota.
La enfermedad del olvido nunca fue tan necesaria.
Olvidar los días en que el refugio
era de carne y de memoria.
La oscuridad ya no le rinde homenaje
ni a la luz ni al consuelo,
su hacha está clavada en los destellos
de un sol que no bautiza los días.
El tiempo es susurro
y las certezas se quiebran en la acera
de una convención a la que no fuimos convocados.
Entonces acude el miedo
en su deforme anatomía de silencios
porque vale más callar que embutir incertidumbre
y vale más gritar que callar blasfemias.
Porque de repente donde la voz era privilegio
escuchar se ha vuelto el único consuelo.

Viaje a la espera

La espera es también un viaje
a la raíz del deseo,
a la lucha entre desplegar las alas
y esconderlas de los buitres.
Un guiño inoportuno a lo imposible.
Solo el que espera recibe la señal,
el desenlace.

Tiempo enamorado

Un día prestado al futuro
para desencadenar los cuerpos
en la desnudez desconocida.
El porvenir raquítico de guerra
y sinrazón
desviste las lágrimas
con el pétalo de una flor calcinada
en la hoguera de los besos
prometidos.

Diosa del autodestierro

No hay espacio donde quepa la libertad
si la vida es un enjambre de deseos
que se cumplen solo en los deseos.
Nadie se marcha nunca del derroche de lágrimas
ni se arropa con el manto de un suspiro.
Cuando se habita en las burbujas de las sombras
hay vida detrás del sufrimiento,
pero hay almas que no lo saben:
porque obligarse a vivir en el destierro de la risa
es también tentación de diosas despreciadas.

Transtierro hacia la sombra

Que no me habiten las sombras.
La divinidad puede partirme el cuerpo
o dividirme el espíritu.
Hoy no quiero amar, ni amarte, ni amarme.
Quiero parir la dulzura de un amor ingrato
egoísta e inconmensurablemente hermoso.
Ahogar a gritos esta maternidad en desahucio
marcada por una nobleza inexplicable.
Después de todo puedo separar toda esta telaraña,
despejar estas tinieblas que me pueblan sin permiso,
quererte un poco,
solo lo necesario para saberte mío y cerca.
Te echaré de nuevo
para morirme de amor por ti otra vez,
cobijarme de ratas mugrientas y pestilentes,
sentirme en casa de nuevo en el infierno
para añorar tu bondad
para que vuelvas a rescatarme de las sombras.

Hijos de la felicidad

Que nadie pueble a nuestro niño
de experiencias malsanas
ni le diga que su madre fue una puta
o una gran hija de la tiniebla.
Jugar a la infancia feliz es el pecado
al que concurre el miserable.
El buen recuerdo es un invento de la alegría.
La felicidad no se conjuga en presente
necesita del tiempo y la ausencia
para erigirse como plenitud y nostalgia.
Así, la memoria es solo un ramo de silencios,
un manojo de sentidos alterados.

Risa, anuncio de perdición

La carcajada burla los destinos del agua.
El río vengativo encauza sus viejos caminos
poblados de infancias.
Sigue la burla surcando de tragedia
los desiertos de la nada.
Y sigue el río ahogando el tiempo
con la cuerda del universo que lo apaga.

Dios nació en la palabra

Dios solo se arrodilla ante la ausencia:
es la única que lo sabe vulnerable.
Así fue por los siglos de los siglos
hasta que llegó palabra,
que engendró el verbo,
que engendró al tiempo.
Que construyó el universo
pero también el miedo,
la destrucción
y la nada.

Nacido culpable

El cadalso es solo un preámbulo,
la pena de muerte una condena.
No hay sentencia sin una victoria fallida.
Nadie concilia el sueño de la libertad
si la inocencia la declara
el juez de los culpables.
No hay lágrimas que purguen
almas que nacieron a la medida del pecado
como aves con el vuelo roto
por el mazo de una justicia bizca y miope.
Las celdas se abren ante pasos de inocentes
y sus huellas las recoge un Dios sin jerarquía.

Ausencia

La nada no se interroga
desde el nunca jamás.
No estar es una respuesta
a la vez que una pregunta,
un signo de interrogación
que mece el llanto y la sonrisa
en un recuerdo circular.
El pálpito es cruz
desconsuelo
grito
ahogo.
La ruta de una rueda
que muerde el enfado
vomita olvido,
luz, oscuridad, sombra,
más de un vivir
destruido por la ausencia.

Nuestro paso a la deriva

El cielo se llenó de humo
y mis pisadas quisieron seguir
tu huella hacia el cadalso.
Una vez me le escabullí a la muerte.
No podré seguirte esta vez,
Pero tras de ti van
mi corazón
mis desvelos
y nuestro ángel de la guarda
que te salva de un tipo de muerte.
A ti también.

Para nombrar el insomnio a Rosa Silverio

Hay que ponerle nombre a la jaqueca.
Deshojar las lágrimas
que se esconden en la orfandad
y el destierro.
Deshacer las promesas
que se le hacen al amor
Desenmascarar los deseos
de construir un otro a imagen,
oposición y semejanza.
Emborrachar la culpa
pelear, golpear, lastimar
hasta que ya no quede
otro verbo más allá de caer
en el vacío de la ausencia.

La mano

Una mano son cinco, a veces seis dedos
atados a una palma gigantesca
que es unas veces amor
y otras, golpe y dolor.
Cuando reposa en el territorio
de un cuerpo encadenado, libera.
Y cuando pesa sobre un vuelo alto y agitado
hunde, aprisiona.
Si del otro lado de la mano duerme
el centinela de los sueños rotos,
es raíz extendida que te siembra
en el huerto de las ausencias.
Pero si detrás de la mano
está el amor, entonces
brilla el silencio, la paz
iluminados por dos luciérnagas de angustia.

La escalera

La escalera no se sabe
más allá de sus peldaños.
Cada uno la consume, la absolutiza
la diluye en su temperamento.
Ella los consuela y desespera
en la rigidez blanda que los ata.
La sombra del sueño los invade:
a ellos les insufla de egoísmo
a ella le atisba el deseo de llegar
al otro lado de la espera.

Alzarse

Alzarse también es quedarse adentro
atado a la enemistad del frío, del abandono
o enamorarse del sonido de la lluvia
bajo el techo del susurro y el abrazo.
Alzarse es también huir del dolor
guarecerse de tempestades silentes
que corroen con el silbido de la sombra.
Alzarse es también alzarse en la negación
del infinito, de lo incierto, de la angustia.
Alzarse es, sobre todo, voltearse al revés.

Innombrable

Un día hay que aprender a no nombrarse,
borrarte de los labios del hijo que te dice madre,
deshacerte en un egoísmo puro, transparente
donde no existas ni siquiera en tu propia huella.
Y quedarte allí, ajena del tiempo,
la materia, la sensación, la existencia.

Rastro de sombras

Sigue el rastro de la sombra
que desenmascara silencios escondidos.
Nadie curva ahora su lengua
para desenterrar mundos
de inmundicias apalabradas.
Que no se nos acabe el pan,
que no se precipite el desconcierto,
que no se abran las puertas,
que no se acabe el miedo,
que no vengan los esclavos
de la muerte
a sembrar el fértil luto
de las horas escondidas
del tiempo, de la luz, de huella.

Anuncio

Sonrisa calcada
sobre el umbral de la muerte
para que el diablo
deje salir en su arco siniestro
el hálito hediondo de la voz
que anuncia en vida
a los que se van y a los que se quedan.
El hedor deambula los caminos del tiempo.
Ocurrió la noche
y en la mirada tosca de los que sueñan
nos miramos.
Ahora te espantas ante el espejo
maldices el castigo de la transparencia,
de tu frágil invisibilidad.

La habitante incertidumbre

Late siempre del mismo lado
y con la misma fuerza.
Amor, muerte y olvido
viviendo la misma carne.
La soledad no espanta:
sacude, incendia, rebosa
duerme y despierta
a la madre agradecida.
La niña respira, abre los ojos,
sigue viva una mañana más.

Espejo de voces

El murmullo se arrastra
si se entona en voz ajena.
Recorre el grito por la orilla
del estruendo y del silencio,
la boca se abre, se cierra
y se escurre por el filtro
de los ecos impronunciables.
El latido es ahora un pálpito
que amplifica el murmullo
de las sombras.
La lágrima se escondió
en un parpadeo,
su vocación de llanto es ahora
una marca de silencios.

El infinito y sus sombras

Lo infinito es espectáculo pedestre,
un espejo frente otro espejo:
el ojo que escribe en la memoria
la fugacidad de una estrella,
el mar enojado por el cielo robarle el azul,
la lluvia vertical ante el caudal
del río condenado a desaparecer,
la vida y la muerte desafiando
siempre la perpetuidad de lo inmedible,
inocentes de que solo
repiten el ciclo.

Soñarse

Peor que no soñar es soñarse
espectador de las infamias
que enredan los días,
de una vida que es hebra
que flota golpeada por las
deformidades de sus huellas.
El que no sueña se sabe sin voz
y el que sueña se mira
en el espejo de su voz ahogada
en el fango de los quiebres.
Pero el que se sueña
se sabe ahogado en el llanto
de las palpitaciones.

Lluvia

La deseé caliente
con el sudor deslizándose hasta lo prohibido.
Me elevaba gaseosa y ligera
por la ruta del sol
que condensa a sus rivales en sombras
Blancas que lloran suicidas hasta el suelo.
Del deseo a la invocación
solo hay jadeo de distancia.
Y al fin te me metiste por el hueco del oído
y descendiste vuelta tórrida y acuosa
como te nombran los que predicen tu presencia.

Promesa

Un árbol sabe de convivencias.
La raíz lo sepulta, lo fortalece
lo ata y lo siembra contra la huida.
La horizontalidad es su fracaso.
Tiene que cambiar distinto
hacia arriba, en una dialéctica
vertical que le niega el vuelo.
El viento le susurra la promesa del movimiento
y en lugar de alas le trae ramas
repletas de hojas.
El árbol llora
y el viento descansa eternamente
en el vaivén de su regazo.

Ceguera

El ojo solo ve
cuando se descubre
en la mirada de otro ojo.
La ceguera del invisible
es anónima, sin dolientes
un lobo que en luna llena
se conduele
en hondura de silencios.

La memoria del agua

Siempre recuerda el viejo cauce:
los surcos y las llamas que apagó
como la mano se retrata en la caricia.
El río nuevo se construye
bajo el viejo cauce
así como el niñito es un extraño
en el cuerpo anciano.
Nada tiene la dicha de borrarse.
La condena a renacer está escrita
en las hojas de los árboles
moldeados por las sombras.

Voces

Una voz no es una sentencia
ni una loca preñada de artilugios.
Si es una, la voz
es mordido atajo de la conciencia.
Si son muchas,
las voces son ola de espanto
canales de memoria fermentada
espirales de ecos innombrables,
corcho y río de una corriente indescifrable.

Verdad

En el borde transparente de la verdad
se esconde la mentira orillada
en certidumbre,
lo incierto la aniquila.
El tiempo la sorprendió
enamorada de su contraria,
habitada por lo que no es
a merced del pantano,
de los aullidos.
Los murmullos la azotan
en la condena desalmada
de definirse siempre
en una rivalidad repleta
de angustias.

Hoy la vine a visitar I

Estaba ahí sentada.
Felicidades, mami.
Yo traía flores.
No le gustaban las celebraciones
ni los días especiales
mucho menos las flores,
el tiempo y sus traiciones.
Estoy parada
frente a una lápida con su nombre,
hedionda a la flor de muerto
que cubre la fetidez
de mi irremediable orfandad.

Hoy la vine a visitar II

Saberse huérfano es siempre
habitar el otro lado de la espera.
Es tener a la muerte mirándote siempre
bajo la agigantada imagen del espejo.
Todo se rompe sobre los quiebres de la nada.
Nada se une en la sombra gris
de la memoria enferma
marchitada en las tumbas
del dolor y la nostalgia.

La exactitud diminuta de tu nombre

Inauguraste mi maternidad
con la mirada hueca
del que lo ve todo por primera vez.
Pequeño y exacto como el hambre
que te despertaba puntualmente
cada dos horas.
Necesitado de mí, de cualquiera
que se apiadara de tu honda inocencia.
Era yo la elegida
y no sabía si tu mirada perdida
era solo un reflejo de la mía.
El mundo entero nos dejó solos.
El abrazo rescató el instinto,
el llanto se fue,
tus ojos durmieron
y despertaron un temor
somnoliento que me atrapa
cada vez que te siento lejos
o en peligro.

Enamorados

De la estirpe de vulvas de alquiler
llegó esta venus arruinada
engrandecida en la soledad de viudos
penados a invocar la lujuria
del pasado irrevocable.
Mustia por el desamparo
de invocar al dios viril
de los infames
se arrullaba en las breves dádivas
que Zeus concedía a sus ancianos,
otra victoria
otra felicidad hecha a la medida:
amor de uno que alcanzaba a los dos.
Justo al umbral de la ruina y la derrota.

La página en blanco

La página en blanco
es un dragón que escupe
en hielo las nostalgias,
una herida de tinta que
no sangra las deformidades
de la angustia.
Un espejo de transparencias infinitas
una legión de gusanos
que vomitan la carne.
Humanidad tendida en cuajos
de sangre derramada.
La urbe de fantasmas
se come el latido
de los corazones rotos.

Índice

Esta obra
se acabó de imprimir
bajo los auspicios de
Charo Fierro y
Antonio J. Huerga, editores.

FINIS CORONAT OPUS